DER LOSKAUF VON SKLAVEN MIT IHREM GELD

EINE RECHTSGESCHICHTLICHE UNTERSUCHUNG

VON

LOTHAR v. SEUFFERT

ORD. PROFESSOR DER RECHTE IN MÜNCHEN

ALFRED TÖPELMANN
(VORMALS J. RICKER'S VERLAG)
GIESSEN 1907

Sonderabdruck aus der

FESTSCHRIFT,

DER JURISTISCHEN FAKULTÄT DER UNIVERSITÄT GIESSEN

ZUR DRITTEN JAHRHUNDERTFEIER
DER ALMA MATER LUDOVICIANA

ÜBERREICHT VON IHREN FRÜHEREN DOZENTEN:

BELING, COSACK, FRANK, GAREIS, HEIMBERGER,
HELLWIG, JUNG, v. LISZT, REGELSBERGER,
REHM, L. v. SEUFFERT, STAMMLER,
v. THUDICHUM, v. WENDT.

Die redemptio servi suis nummis bietet nicht nur für den Juristen, sondern auch für den Kulturhistoriker Interessantes. Von juristischem Interesse ist insbesondere die Durchbrechung des Satzes der römischen Rechtsordnung, wonach der Sklave kein eigenes Vermögen haben kann. Von kulturhistorischem Interesse ist die Existenz von Sklaven, die von ihren Herren so unabhängig lebten und wirtschafteten, daß tatsächlich ihr Erwerb nicht zur Verfügung der Herren stand, sowie die Begünstigung des Freiheitserwerbs, die bei der Behandlung der redemptio zutage tritt.

1.

In der Zeit, als Marcus Aurelius und Lucius Verus (die divi fratres) das römische Reich regierten (161 bis 169 p. Chr.), erging eine kaiserliche Verordnung, die bestimmte, daß ein Sklave, der jemandem Geld gegeben hatte, damit dieser ihn seinem Herrn abkaufe und freilasse, von dem Käufer die Freilassung erzwingen könne. Die Verordnung wird erwähnt in l. 4 pr., §§ 11, 13, 14 D. de manumiss. 40, 1, l. 67 D. de iudiciis 5, 1 und in l. 38 § 1 D. de liberali causa 40, 12. In l. 4 pr. D. cit. ist sie als eine an Urbius Maximus ergangene epistula, in den anderen Stellen einfach als constitutio bezeichnet. Wer Urbius Maximus, der Adressat der epistula, war, läßt sich nicht feststellen, da der Name sonst nirgends vorkommt.[1] Sicherlich war der Adressat ein höherer Beamter. Das ist schon aus der Form der Verordnung als epistula zu folgern. Vielleicht praefectus urbi; denn in l. 1 § 1 D. de off. praef. urbi 1, 12 und l. 5 pr. D. de manumiss. 40, 1 ist der praefectus urbi als derjenige Beamte bezeichnet, bei dem der Sklave den Käufer in Rom

[1] Vgl. Prosopographia imperii romani Tom. III, ed. P. de Rohden et H. Dessau, S. 490. Das hier geäußerte Bedenken gegen die Richtigkeit des Gentilnamens Urbius dürfte durch Corp. inscr. lat. Tom. VI nr. 1058 widerlegt werden, wo in Zeile 130 der Rückseite der Gentilname Urbius ebenfalls vorkommt. Vgl. auch Urbius clivus in Liv. I 48, 6.

auf Freilassung verklagen kann.[1] In l. 5 pr. D. cit. ist von mehreren Verordnungen der divi fratres über das Verfahren zur Erzwingung der Freilassung die Rede. Vermutlich führte die erste Verordnung den Freilassungszwang ein, während eine zweite Verordnung die Bestrafung des Sklaven anordnete, der seinen Herrn auf Freilassung verklagt, aber die redemptio suis nummis nicht beweisen kann. Von dieser Bestrafung wird im weiteren Verlaufe dieser Untersuchung näheres berichtet werden.[2]

2.

Unter welchen Umständen eine redemptio servi suis nummis anzunehmen ist, wird von Ulpian im sechsten Buche seiner disputationes (l. 4 §§ 1 bis 14 D. de manumiss. 40, 1) erörtert.

Zu Anfang der Erörterung (§ 1) sagt der Jurist, strenggenommen könne man nicht behaupten, daß ein Sklave mit seinem Gelde gekauft sei, denn ein Sklave könne kein eigenes Geld haben. Nur mit geschlossenen Augen (conniventibus oculis), nämlich indem man die Vermögensunfähigkeit der Sklaven ignoriere, könne man zu der Annahme gelangen, daß ein Sklave mit seinem Gelde gekauft worden sei.

Eine redemptio suis nummis ist nach den weiteren Ausführungen Ulpians stets anzunehmen, wenn der Ankauf nicht auf Kosten des Käufers erfolgt. Die verschiedenen Umstände, unter denen das zutrifft, werden kasuistisch behandelt. An der Spitze steht der gewöhnlichste und einfachste Fall: der Sklave hat dem Käufer das Geld zum Ankauf aus seinem Pekulium oder aus einem sonstigen Erwerbe (ex adventicio lucro) gegeben. Es folgen Fälle, in denen ein Freund des Sklaven, um diesem eine Wohltat oder eine Gefälligkeit zu erweisen, die Mittel zum Ankaufe beschafft. Das kann in der Weise geschehen, daß der Freund das Geld für den Ankauf in bar vorschießt (prorogante), aber auch dadurch, daß er die Verbindlichkeit zur Bezahlung des Geldes übernimmt. Die Übernahme der Verbindlichkeit kann erfolgen durch promissio (repromittente[3]), indem der Freund dem Käufer in Stipulationsform die Zahlung verspricht, oder durch Anweisung (se delegante), indem der Freund dem Käufer eine Anweisung zur

[1] Die Annahme, daß der Adressat der epistula Stadtpräfekt war, wird durch die Tatsache unterstützt, daß auch der Adressat einer später von Marcus Aurelius erlassenen Verordnung über den Freiheitserwerb im Falle des Verkaufs mit der Auflage der Freilassung (vgl. l. 2 C. si manc. ita fuerit alienatum etc. 4, 57), Aufidius Viktorinus, das Amt eines Stadtpräfekten bekleidete; vgl. A. Pernice, Labeo III S. 123 Nr. 4.

[2] Siehe unten S. 12 f.

[3] Ob man mit der Florentina repromittente oder mit den späteren Handschriften promittente zu lesen hat, macht für den Sinn keinen Unterschied.

Erhebung des Geldes bei seiner Kasse erteilt,[1] oder dadurch, daß der Freund als argentarius durch receptum die Zahlung des Kaufgeldes für den Sklaven verspricht (recipiente).

Der Käufer des Sklaven muß bei dem Ankaufe gewußt haben, daß er den Kauf nicht auf seine Kosten, sondern als Vertrauensmann des Sklaven auf dessen Kosten zum Zwecke der Freilassung abschloß. Hat der Käufer das bei dem Ankaufe nicht gewußt, so kann der Sklave nicht nachträglich durch das Angebot des Kaufpreises den Kauf zu einem solchen machen, auf Grund dessen er die Freilassung erzwingen könnte (§§ 2 und 3). Auch wenn der Käufer zwar bei dem Ankaufe gewußt hat, daß der Kauf auf Kosten des Sklaven zum Zwecke der Freilassung erfolgen solle, besteht der Anspruch des Sklaven auf Freilassung nur, wenn der Sklave das Geld zum Ankaufe wirklich gegeben oder durch einen Freund beschafft hat (§ 3). Der Vertrauensmann, welcher dem Sklaven den Ankauf aus dessen Mitteln zum Freilassungszwecke versprochen hat, kann die Freilassung nicht dadurch vereiteln, daß er den Ankauf noch rasch vor der Auszahlung des Geldes vollzieht und den Preis aus seinem Vermögen bezahlt (§ 4). Bezahlt in diesem Falle der Sklave nachträglich den vom Käufer ausgelegten Kaufpreis,[2] so kann er die Freilassung verlangen (§ 5). Hieraus ergibt sich des weiteren, daß der Sklave den Käufer, welcher ihn auf sein Ansuchen gegen das Versprechen der Erstattung des Kaufpreises zum Zwecke der Freilassung gekauft hat, auch dann auf Voll-

[1] Se delegare kommt nirgends als in l. 4 § 1 D. cit. vor; vgl. Vocabularium iurisprud. rom. Tom. III col. 150. In Gai. III 1, 20 hat der Veroneser Kodex, allerdings te se delegaverit, was aber offenbar verschrieben ist. Mommsen und Studemund lesen: te delegaverit. Huschke will pro se delegaverit lesen. Man könnte daran denken, daß auch in l. 4 § 1 D. cit. statt se delegante zu lesen wäre: pro se delegante, was bedeuten würde, daß der Freund das Geld zum Ankaufe des Sklaven beschafft, indem er einen Dritten anweist, das Geld auf Rechnung des Anweisenden an den Käufer zu zahlen oder zu promittieren. Gegen diese Textänderung sprechen aber die Basiliken (L. XLVIII, 1, 4 § 1), wo δελεγατεύοντος ἑαυτὸν steht. Nun ist eine von dem Anweisenden auf sich selbst ausgestellte Anweisung allerdings etwas Ungewöhnliches, aber nichts Unmögliches. Das ergibt sich aus der Zulässigkeit des trassiert-eigenen Wechsels, der auch eine solche Anweisung enthält. Man wird annehmen müssen, daß der Anweisende, welcher eine Anweisung auf sich selbst ausstellt, ebenso wie der Trassant des trassiert-eigenen Wechsels, für die Zahlung der Anweisung einzustehen hat und auf diese Weise die Zahlung des Preises für den Sklaven übernimmt. In diesem Sinne scheint Brissonius De verborum qui ad ius pertinent significatione das se delegare zu verstehen, wenn er sub voce Delegare schreibt: Delegare se in l. 4 D. de manumission. est alieno creditori pro debitore se obligare. Ähnlich auch Salkowski, Zur Lehre von der Novation, S. 122 Nr. 47, wo das se delegare im Sinne von pro servo debitum suscipere gedeutet wird.

[2] Pariare heißt eine bei einer Abrechnung bleibende Schuld durch Zahlung ausgleichen.

ziehung der Freilassung verklagen kann, wenn der Käufer nachher die Annahme des ihm vom Sklaven angebotenen Geldes ablehnt; denn durch diese Ablehnung verstößt der Käufer gegen Treu und Glauben.[1]

Für die Entstehung der Freilassungspflicht ist es gleichgültig, ob bei der Abschließung des Kaufes die Freilassung als Zweck des Ankaufs zum Ausdrucke gelangt oder nicht (§ 6). Selbst wenn bei der Abschließung des Kaufes, zu welchem der Sklave das Geld hergegeben hat, bestimmt wurde, daß der Sklave nicht freigelassen werden dürfe, kann der Sklave die Freilassung verlangen. Das begründet Ulpian damit, daß der unter den angegebenen Umständen erfolgende Ankauf nur ein Scheinkauf sei (cum et nomen emptionis imaginarius iste emptor accomodet), indem der Käufer nichts aus seinem Vermögen dafür aufwende. In Wirklichkeit ist der Käufer der Vertrauensmann (Strohmann), der von dem Sklaven vorgeschoben wird, weil dieser sich nicht selbst kaufen kann. Nun würde ein Ankauf, bei dem sich der Käufer dem Verkäufer gegenüber verpflichtet, den Sklaven nicht freizulassen, gegen die Intention des hinter der Mittelsperson stehenden effektiven Käufers, d. i. des Sklaven, verstoßen. Daraus folgert Ulpian, daß der Sklave trotz einer solchen von dem Käufer dem Verkäufer gegenüber übernommenen Verpflichtung die Freilassung erzwingen könne. Das obligatorische Verhältnis zwischen dem Käufer und dem Verkäufer wird dadurch nicht berührt. Wenn der Verkäufer die Freilassung in diesem Falle nicht verhindern kann, obwohl er dem Verkaufe das Freilassungsverbot einfügte, so er kann doch von dem Käufer den Ersatz etwaigen Schadens verlangen.

Für die Entstehung der Freilassungspflicht macht es keinen Unterschied, ob der Sklave durch den Fiskus oder eine Stadtgemeinde oder durch einen Privatmann gekauft worden ist; ebenso ist es einerlei, ob der Käufer männlichen oder weiblichen Geschlechtes ist (§ 8). Es kann also auch der Fiskus oder die Gemeinde, die den Sklaven mit dessen Geld gekauft hat, zur Freilassung gezwungen werden; ebenso eine Frau. Auch auf das Alter des Käufers kommt nichts an. Selbst wenn der Käufer unmündig ist, muß er sein Freilassungsversprechen erfüllen, weil er dadurch keine Vermögenseinbuße erleidet (§ 8). Das stimmt mit der bekannten Regel überein, daß der Unmündige der Mitwirkung des Vormundes nur zu solchen Geschäften bedarf, durch die er seine Vermögenslage verschlechtert. Ist der Käufer ein Sklave, so kann der gekaufte Sklave von dem Herrn des kaufenden Sklaven die Freilassung verlangen (§ 8 i. f.).

Keine Anwendung findet die Verordnung der divi fratres auf Sklaven, die überhaupt nicht freigelassen werden können. Als ein solcher Sklave wird zuerst genannt ein Sklave, bei dessen früherem

---

[1] Vgl. l. 53 i. f. D. de iudiciis 5, 1.

Verkaufe bestimmt wurde, daß er aus einem bestimmten Bezirke hinaus verbracht werden müsse (si servus exportandus venierit). Das ist einigermaßen befremdend; denn die bezeichnete lex venditionis enthält kein absolutes Freilassungsverbot. Zwar innerhalb des Bezirkes, aus welchem der Sklave hinaus verbracht werden soll, kann der Sklave nicht freigelassen werden.[1] Aber außerhalb dieses Bezirkes kann er freigelassen werden,[2] nur ist seine Freiheit insofern problematisch, als er Sklave des Fiskus wird, wenn er als Freigelassener seinen Aufenthalt an einem Orte nimmt, an dem er nach dem Vertrage sich nicht aufhalten darf.[3] Daß Ulpian den servus exportandus als einen solchen anführt, dessen Freilassung im Falle der redemptio suis nummis nicht erzwungen werden kann, erklärt sich wohl daraus, daß die Freilassung nicht überall, sondern nur außerhalb eines gewissen Bezirkes möglich ist. Des weiteren nennt Ulpian als einen Sklaven, dessen Freilassung unmöglich ist, denjenigen, dessen Freilassung bei der Veräußerung oder in einem Testamente verboten ist. Dieses Verbot hat die Nichtigkeit der Freilassung zur Folge[4] und steht daher auch dem Freiheitserwerbe bei der redemptio suis nummis im Wege. Da das Freilassungsverbot, welches erst bei der redemptio suis nummis aufgestellt wird, nach den obigen Ausführungen[5] den Sklaven nicht hindert, die Freilassung zu verlangen, so kommt als Hindernis der Freilassung nur ein Freilassungsverbot in Betracht, mit dem der Sklave schon bei einer früheren Veräußerung belastet worden war.[6]

Eine redemptio suis nummis und daher ein Anspruch des Sklaven auf Freilassung ist auch gegeben, wenn der Sklave dem Käufer nur einen Teil des Kaufpreises bar bezahlt, den Rest aber durch Dienstleistungen (operae) abverdient oder durch nachträglichen Erwerb beglichen hat (§ 10). Die Anrechnung der Dienstleistungen und des nachträglich von dem Sklaven gemachten Erwerbs erklärt sich daraus, daß das Herrenrecht des Käufers bis zur versprochenen Freilassung nur ein formelles Recht ist. Deswegen werden die Dienstleistungen und die nicht auf Kosten des Käufers vom Sklaven erworbenen Gegenstände als Werte behandelt, die zur Erstattung des vom Käufer ausgelegten Preises verwendbar sind.

Hat der Miteigentümer eines Sklaven dem anderen Miteigentümer den diesem gehörenden Teil des Sklaven mit dem Gelde des Sklaven abgekauft, so findet die Verordnung der divi fratres keine Anwendung,

---

[1] L. 3 C. si servus exportandus veneat 4, 55.

[2] L. 1 pr. C. eod. [3] L. 1 § 1, l. 2 C. eod., Fr. Vat. § 6.

[4] L. 5 C. si mancipium ita alienatum, ut manumittatur vel contra 4, 57.

[5] Siehe oben S. 6.

[6] So schon die Glosse Pervenire zu l. 4 § 7 D. de manumiss. 40, 1.

der Sklave kann also die Freilassung nicht beanspruchen. Ebenso verhält es sich, wenn der Eigentümer des Sklaven mit dessen Geld den Nießbrauch an dem Sklaven dem Nießbraucher abgekauft hat (§ 11). Hat dagegen der Nießbraucher dem Eigentümer das Eigentum an dem Sklaven mit dessen Geld abgekauft, so ist die Verordnung anwendbar, der Sklave kann also die Freilassung verlangen (§ 12). Haben zwei Personen den Sklaven gekauft, die eine Person mit eigenem Geld, die andere mit Geld des Sklaven, so findet die Verordnung keine Anwendung; jedoch kann derjenige, welcher mit dem Gelde des Sklaven gekauft hat, zur Freilassung gezwungen werden, wenn der andere, welcher den Anteil am Sklaven auf seine Kosten erworben hat, zur Mitwirkung bei der Freilassung bereit ist (§ 13). Hat jemand einen Anteil an einem Sklaven mit Geld des Sklaven gekauft und den anderen Anteil unentgeltlich (ex causa lucrativa) dazu erworben, so ist die Verordnung anwendbar, der Sklave kann also die Freilassung erzwingen (§ 14).

Der Behandlung der in den §§ 11—14 angeführten Fälle liegt der Gedanke zugrunde, daß der Freilassungszwang stattfindet, wenn der Käufer durch die Freilassung keine Vermögenseinbuße erleidet. Deswegen kann nicht zur Freilassung gezwungen werden, wer als Miteigentümer den einem anderen gehörenden Teil oder als Eigentümer den einem andern gehörenden Nießbrauch mit Mitteln des Sklaven erworben hat; denn durch die Freilassung würde er den Teil des Sklaven, welcher ihm schon früher gehörte, oder das Eigentum, welches ihm früher als ein mit dem Nießbrauche belastetes zustand, verlieren, ohne dafür schadlos gehalten zu werden.

Daß der Nießbraucher, welcher zu seinem Nießbrauche das Eigentum mit dem Gelde des Sklaven hinzugekauft hat, zur Freilassung gezwungen werden kann, scheint mit dem obigen Grundgedanken in Widerspruch zu stehen, weil der Käufer durch die Freilassung den Nießbrauch ohne Entschädigung verliert. Daher nimmt Accursius in seiner Glosse Pertineat[1] zu l. 4 § 12 D. de manumiss. an, der Nießbrauch dauere nach der Freilassung fort, und beruft sich zur Stütze dieser Annahme auf l. 1 § 1 C. communia de manumiss. 7, 15. Nach dieser Stelle wird ein mit einem Nießbrauche belasteter Sklave durch die von dem Eigentümer vollzogene Freilassung zwar dem Eigentümer gegenüber frei, der Nießbrauch bleibt aber bestehen, wenn der Nießbraucher nicht seine Zustimmung zu der Freilassung erklärt. Die Ansicht des Accursius ist nicht zu billigen. Die in l. 1 § 1 C. cit. enthaltene Vorschrift setzt voraus, daß der Nießbrauch einem anderen als dem Eigentümer zusteht, und verträgt daher keine entsprechende

[1] Die Bononienser Handschriften zweiter Ordnung haben am Schlusse des § 12 pertineat statt pertineret.

Anwendung auf den Fall, daß sich der Nießbrauch mit dem Eigentum vereinigt hat. Der Nießbrauch ist nach dem im römischen Rechte stets festgehaltenen Satze „Nulli res sua servit“ durch den Erwerb des Eigentums erloschen, daher kommt der frühere Nießbrauch des jetzigen Eigentümers nicht mehr als Wertobjekt in Betracht.

Nicht ganz unbedenklich ist die Behandlung des Falles, in welchem der Käufer zu dem mit dem Gelde des Sklaven erworbenen Teile des Sklaven den anderen Teil unentgeltlich hinzuerworben hat, da der Käufer durch die Freilassung den hinzuerworbenen Teil verliert, ohne dafür Entschädigung zu bekommen. Deshalb meint Accursius in der Glosse Locum habere zu l. 4 § 14 D. de manumission., der Sklave könne die Freilassung nur erzwingen, wenn er auch den Wert des unentgeltlich erworbenen Teiles bezahle. Der Meinung Ulpians entspricht das schwerlich, denn Ulpian sagt nichts von der Bedingung, von der Accursius den Freilassungszwang abhängig machen will. Erklären läßt sich der unbedingte Freilassungszwang daraus, daß der Käufer weder für den mit dem Gelde des Sklaven gekauften Teil noch für den durch Schenkung oder Vermächtnis hinzuerworbenen anderen Teil etwas aus seinem Vermögen aufgewendet hat („satis est enim, quod is, qui emptioni suum nomen accomodaverit, nihil de suo inpendit“ l. 4 § 1 i. f. D. de manumission. 40, 1).

3.

Liegt eine redemptio suis nummis vor, so kann der Sklave seinen Herrn, den Käufer, in Rom bei dem Stadtpräfekten, in der Provinz bei dem Statthalter verklagen, wenn der Käufer die Freilassung nicht vollzieht (l. 5 pr. D. de manumission. 40, 1). Das Verfahren ist dem Verfahren zur Erzwingung einer fideicommissaria libertas nachgebildet, es beruht wie dieses auf dem Gedanken, daß der Zwang zur Freilassung dadurch begründet wird, daß der Herr des Sklaven durch Unterlassung der Freilassung die fides verletzt („contractus *fidem* detegendi servo potestas tributa est“, l. 53 i. f. D. de iud. 5, 1. „Aequum est eum *fidem* implere“, l. 4 § 8 D. de manumiss. 40, 1). Ebenso wie das Verfahren zur Erzwingung der fideicommissaria libertas ist das Verfahren gegen den redemptor eine extraordinaria cognitio. Das Verfahren beginnt mit einem Antrage auf Vorladung (evocatio) des Beklagten durch den Beamten.[1] Bei der Verhandlung kann der Sklave seinem Herrn gegenüber als Partei auftreten (l. 53 D. de iud. 5, 1, l. 5 pr. D. de manumission. 40, 1). Er ist also ausnahmsweise für dieses Verfahren partei- und prozeßfähig, gleichwie er es auch für das Verfahren zur Erzwingung einer fideicommissaria libertas ist.[2] Der Sklave hat

[1] Vgl. l. 26 §§ 7, 9 D. de fideic. lib. 40, 5.

[2] Vgl. l. 53 D. de iud. 5, 1.

zu beweisen, daß eine redemptio suis nummis vorliegt. Gelingt ihm der Beweis, so ergeht seitens des Stadtpräfekten oder des Statthalters der Befehl (iussus)[1] an den Käufer, den Sklaven freizulassen. In l. 67 D. de iud. 5, 1 sagt Ulpian, die kaiserliche Verordnung bestimme nicht, daß der Sklave (von dem Beamten) für frei zu erklären, sondern daß ihm die Freiheit (von dem Käufer) zu gewähren sei; der Erwerb der Freiheit sei aber auf den Zeitpunkt des Ankaufs mit dem Gelde des Sklaven zurückzudatieren (exinde liber erit ex quo redemptus est).[2] Die Zurückdatierung der Freiheit ergibt sich aus dem von Ulpian auch in l. 4 §§ 2, 7 D. de manumiss. 40, 1 vertretenen Annahme, daß der Käufer nur zum Schein als Käufer auftrete, während in Wirklichkeit der Sklave sich selbst loskaufe. Die Zurückdatierung auf die Zeit des Ankaufs hat zur Folge, daß der Käufer auf den zwischen dem Ankauf und der Freilassung erfolgten Erwerb des Sklaven keinen Anspruch hat.

Kommt der Käufer dem Befehle, den Sklaven freizulassen, nicht alsbald nach, so ist er zur Freilassung zu zwingen (proinde compellendus erit manumittere eum qui se suis nummis redemit, l. 67 cit. Satz 2). Der Stadtpräfekt und der Provinzialstatthalter waren als Beamte höchsten Ranges mit dem Rechte der coercitio ausgestattet, konnten also mit Geldstrafe und mit Haft gegen denjenigen einschreiten, welcher ihren Anordnungen den Gehorsam verweigerte. Übrigens konnte der Beamte auch den Sklaven für frei erklären, wenn der Käufer die Freilassung nicht vornehmen wollte. Das ist aus l. 51 § 9 D. de fideicomm. lib. 40, 5 zu folgern. Marcian behandelt in der l. 51 cit. das fideicommissum libertatis. In § 4 kommt er auf das senatusconsultum Dasumianum zu sprechen. In diesem ist bestimmt: wenn derjenige, welcher durch fideicommissum zur Freilassung verpflichtet ist, aus ehehaftem Grunde (ex iusta causa) vor dem Richter (bei dem er auf Erfüllung des Fideikommisses verklagt ist) nicht er-

[1] In l. 43 D. de a. e. v. 18, 1 findet sich der Ausdruck iussus praetoris für die Anordnung der Freilassung auf Grund eines fideicommissum libertatis. Es ist unbedenklich, den Ausdruck auf die Anordnung der Freilassung im Falle der nachgewiesenen redemptio zu übertragen.

[2] P. Krüger will nach Mommsens Ausgabe in l. 67 cit. *non* vor exinde einschalten, so daß die Stelle lauten würde: Qui se dicit nummis suis redemptum, si hoc probaverit, *non* exinde liber erit quo redemptus est, quia constitutio non liberum pronuntiari praecipit, sed restitui ei libertatem iubet. Gegen diese Emendation sprechen die Basiliken L. VII tit. 5 § 66: Ὁ ἰδίοις ἀργυρίοις ἀγορασθείς, ἐξότε ἠγοράσθη δοκεῖ ἐλευθερῶσθαι καὶ ἀναγκάζεται ὁ ἀγοραστὴς ἐλευθερῶσαι. Es besteht auch kein Grund zu der Einschiebung, da die Stelle so, wie in den Handschriften steht, ihren guten Sinn hat. — Cujacius Comm. in tit. I de iudiciis lib. V Dig. (Ed. Prat. VII col. 249) versteht die Stelle ebenso, wie sie oben im Texte gedeutet wird, nämlich im Sinne einer Zurückdatierung der Freilassung.

scheint, soll das entschuldigte Ausbleiben durch Richterspruch festgestellt werden und mit diesem Spruch (pronuntiatio) tritt die Freiheit ein, wie wenn der Sklave zufolge des Fideikommisses ordnungsmäßig freigelassen worden wäre. In § 9 schreibt Marcian:

> Sive iusta ex causa abest sive latitet[1] *sive praesens non vult manumittere*, pro absente eum haberi divus Pius rescripsit.

Hiernach ist derjenige, welcher durch ein Fideikommiß zur Freilassung verpflichtet ist, wenn er zwar vor dem Gericht erscheint, aber erklärt, daß er die Freilassung nicht vollziehen werde, wie ein Nichterschienener zu behandeln. Da nun im Falle des Nichterscheinens des Beklagten der Prätor den Sklaven für frei zu erklären hat, so kann er auch in dem Falle der Weigerung der Freilassung seitens des erschienenen Beklagten den Sklaven für frei erklären. Das Verfahren bei der redemptio servi suis nummis ist dem Verfahren beim fideicommissum libertatis nachgebildet; der Stadtpräfekt oder der Provinzialstatthalter kann also den servus redemptus für frei erklären, wenn der erschienene redemptor sich weigert, dem Freilassungsbefehle des Beamten zu gehorchen. Die Freilassung wird durch die pronuntiatio ersetzt.

Entzieht sich der redemptor der Vorladung, indem er sich verbirgt oder der Vorladung keine Folge leistet, so sind nach l. 67 (Satz 2) D. de iud. 5, 1 die Senatsbeschlüsse, welche sich auf die fideicommissaria libertas beziehen entsprechend anzuwenden. In Betracht kommt das senatusconsultum Rubrianum, das senatusconsultum Dasumianum und das senatusconsultum Articuleianum.[2] Nach dem senatusconsultum Rubrianum hat der Prätor, welcher von dem Sklaven um Erzwingung der fideicommissaria libertas angegangen worden ist, wenn der vorgeladene Fiduziar ausbleibt, zu untersuchen, ob das fideicommissum zu Recht besteht, und gegebenenfalls den Sklaven für frei zu erklären.[3] Die absichtliche Vereitelung der Ladung (latitatio) ist in dem überlieferten Texte des Senatsbeschlusses nicht erwähnt. Sie ist aber sicherlich ebenso behandelt worden, wie das Nichterscheinen des Geladenen, wie schon daraus hervorgeht, daß Ulpian in l. 67 D. cit. sagt, bei latitatio des redemptor seien die auf die Freiheitsfideikommisse bezüglichen Senatsbeschlüsse anwendbar. Das senatusconsultum Dasumianum betrifft den Fall, daß der

---

[1] Der Fall der latitatio ist in dem unten zu besprechenden senatusconsultum Rubrianum behandelt.

[2] Nach MOMMSEN, Hermes III. S. 345 Nr. 5 (Ges. Schriften IV S. 380 N. 4) ist das Sc. Rubrianum im Jahre 103, das Sc. Articuleianum im Jahre 123 p. Chr., das Sc. Dasumianum in der Zwischenzeit erlassen. RUDORFF, Ztschr. f. geschichtl. Rechtswiss. XII S. 310 f. meinte, die drei Senatsbeschlüsse seien vom Jahre 100 p. Chr.

[3] L. 26 § 7 D. de fideicomm. lib. 40, 5; vgl. a. l. 1 D. eod.

von dem Prätor vorgeladene Fiduziar aus ehehaftem Grunde (ex iusta causa) nicht erscheint; dann soll zwar ebenso wie im Falle unentschuldigten Ausbleibens die Freiheit des Sklaven ausgesprochen werden, aber mit der Feststellung des Vorhandenseins eines triftigen Entschuldigungsgrundes.[1] Das ist, wie im weiteren Verlaufe dieser Untersuchung dargelegt werden wird, wegen des Patronatsrechts bedeutsam (siehe u. S. 16). Das senatusconsultum Articuleianum bestimmt, daß in den Provinzen die Statthalter über die fideicommissaria libertas zu entscheiden haben, auch wenn die Erben nicht der betreffenden Provinz angehören.[2] Die entsprechende Anwendung der Senatsbeschlüsse auf die redemptio suis nummis führt dazu, daß der Stadtpräfekt oder der Provinzialstatthalter den Sklaven für frei zu erklären hat, wenn der redemptor nicht erschienen ist, vorausgesetzt, daß die redemptio suis nummis erwiesen worden ist. Dabei ist wie bei dem fideicommissum libertatis des Patronatsrechts wegen festzustellen, ob das Nichterscheinen des redemptor ein böswilliges war oder auf einem ehehaften Grunde beruht.

Gelingt dem Sklaven, welcher seinen Herrn als angeblichen redemptor suis nummis auf Freilassung belangt hat, der Beweis der redemptio suis nummis nicht, so wird nicht nur sein Antrag abgewiesen, sondern er wird zur Bergwerksstrafe (poena metalli) oder unter Zurückgabe an seinen Herrn zu Gefängnisstrafe (poena vinculorum) verurteilt. Gefängnisstrafe wird nur dann verhängt, wenn sich der Herr bereit erklärt, den Sklaven wieder zu sich zu nehmen. So: l. 5 pr. D. de manumission. 40, 1 und l. 38 § 4 D. de poenis 48, 19. Die Bergwerksstrafe wird auf Lebenszeit erkannt. Daß der Sklave zu Bergwerksarbeit auf Zeit verurteilt werden könne, ist nirgends gesagt und widerspräche auch dem römischen Sprachgebrauche, wonach die Verurteilung zur Zwangsarbeit auf Zeit nicht als poena metalli bezeichnet wird.[3] Der zur Bergwerksstrafe Verurteilte hat in einem staatlichen Bergwerke Zwangsarbeit zu leisten. Der zur Gefängnisstrafe verurteilte Sklave wird gegeißelt[4] und sodann zur Vollstreckung der Gefängnisstrafe seinem Herrn zurückgegeben. Dieser hat den Sklaven lebenslänglich[5] im Sklavenkerker[6] gefangen

[1] L. 22 § 2, l. 36 pr., l. 51 §§ 4—6 eod. [2] L. 51 § 7 D. eod.

[3] Vgl. l. 28 § 6 D. de poenis 48, 19: Divus Hadrianus in haec verba rescripsit. „In opus metalli ad tempus nemo damnari debet. sed qui ad tempus damnatus est, etiamsi faciet metallicum opus non in metallum damnatus esse intelligi debet." Vgl. Mommsen, Röm. Strafrecht S. 949.

[4] Vgl. l. 10 pr. D. de poenis 48, 19: — servus sub poena vinculorum ... flagellis caesus domino reddi iubetur.

[5] Vgl. l. 10 C. de poenis 9, 47: Servus sub poena vinculorum sine temporis praefinitione domino reddi iussus sententiae praesidis provinciae perpetuo vinctus esse debet. [6] Vgl. Mommsen a. a. O. S. 962.

zu halten, wobei dem Sklaven Fesseln (vincula) anzulegen sind. Natürlich kann der Herr die Arbeitskraft des Sklaven ausnützen und zu diesem Zwecke die Fesselung zeitweilig beseitigen. Eine strengere Strafe als die Einkerkerung — etwa Züchtigung — darf der Herr über den Sklaven, der ihm zurückgegeben wird, wegen des Deliktes, welches der Sklave durch das unbegründete Verlangen der Freilassung begangen hat, nicht verhängen.[1]

Die Bestrafung des Sklaven beruht darauf, daß der Sklave, welcher seinen Herrn auf Freilassung verklagt, aber die redemptio suis nummis nicht beweisen kann, eine Unbotmäßigkeit gegen den Herrn begeht. Daß der Sklave, welcher gegen seinen Herrn eine unbegründete Klage auf Gewährung der fideicommissaria libertas erhob, ebenfalls gestraft werde, ist in den Quellen nirgends erwähnt. Hier scheint die Strafgewalt, welche in dem Herrenrechte liegt, als ausreichend betrachtet worden zu sein.

4.

Wie verhält es sich mit dem Patronatsrechte des Käufers, welcher den Sklaven auf dessen Kosten erworben hat? Es sind folgende Fälle zu unterscheiden:

a) Der Käufer hat die versprochene Freilassung freiwillig oder auf Geheiß des von dem Sklaven angegangenen Beamten vollzogen, dann wird er Patron des Freigelassenen.[2] Aber das volle Patronatsrecht kommt ihm nicht zu. Er hat keinen Alimentationsanspruch gegen den Freigelassenen.[3] Er hat nicht das Recht, dem Freigelassenen Arbeitsleistungen (operae) aufzulegen.[4]) Er kann nicht die ingrati accusatio gegen den Freigelassenen erheben.[5]) Er hat

[1] L. 5 pr. i. f. D. de manumission. 40, 1: utique non maiorem ex ea causa poenam constituturus.

[2] L. 8 C. de oper. libert. 6, 3: Si tuis nummis emptus es ab eo a quo manumissus es, nec operas ei debes neque puniri ab eo utpote ingratus potes: patronum tamen tuum esse negari non oportet. Vgl. B. W. Leist in Glücks Pandektenkomm. Ser. d. Bücher 37, 38 Teil 4 S. 460.

[3] L. 5 § 22 D. de agnoscendis et alendis liberis etc. 25, 3: Si quis a liberti liberto ali se desideret vel ab eo, quem ex causa fideicommissi manumisit quemque [Mommsen: quemve] suis nummis redemit, non debet audiri, ut et Marcellus scribit, exaequatque eum, qui mercedes exigendo ius libertorum amisit.

[4] Vgl. die oben in Note 2 abgedruckte Kodexstelle.

[5] L. 3 D. de obsequiis parentibus et patronis praestandis 37, 15: (Marcellus libro singulari responsorum) Titius puerum emit, quem post multos annos venire iussit: postea exoratus accepto ab eo pretio eum manumisit: quaero an eum filius et heres manumissoris ut ingratum accusare possit. respondit posse, si nihil aliud esset

nicht die sonst dem Patron zustehende Befugnis, der von ihm geheirateten Freigelassenen eine andere Ehe zu verbieten.[1]) Dieselben Abschwächungen des Patronatsrechts finden sich bei der Freilassung zufolge eines fideicommissum libertatis.[2] Sie erklären sich hier wie dort daraus, daß die Freilassung nicht eine aus eigenem Entschlusse des Freilassers dem Sklaven gewährte Wohltat, sondern die Erfüllung einer Verpflichtung ist. Nur der Freilasser, welcher dem Sklaven aus eigenem Entschlusse die Wohltat der Freiheit gewährt, hat auf die Dankbarkeit des Sklaven den weitesten Anspruch. Merkwürdig ist die Verschiedenheit, die in Ansehung des Erbrechts zwischen den beiden Arten von Patronen besteht. Während bei der fideikommissarisch angeordneten Freilassung der Patron das patronatische Erbrecht hat,[3] steht bei der Freilassung auf Grund einer redemptio suis nummis dem Patron kein solches Erbrecht zu. Nach l. 1 pr. C. de bon. libert. 6, 4[4] hat der Patron in diesem Falle kein prätorisches Noterbrecht gegenüber dem Freigelassenen. In l. 4 § 4 C. eod.[5] wird gelegentlich einer Erörterung über das Patronatsrecht

---

impedimento: nam plurimum interesse, a suo servo quis vel etiam ab amico acceptis nummis dederit libertatem, an ab eo servo, qui cum esset alienus in fidem eius devenit. etenim ille etiamsi non gratuitum, beneficium tamen praestitit, iste nihil amplius quam operam suam accomodare videri potest. Aus der Gegenüberstellung des Falles, in welchem der Herr seinen Sklaven auf dessen Bitte freigelassen hat, ohne dazu verpflichtet zu sein, und des Falles, in welchem sich der Herr durch die redemptio servi suis nummis zur Freilassung verpflichtet hatte, geht deutlich hervor, daß im zweiten Falle die accusatio ingrati ausgeschlossen ist. Vgl. auch die S. 13 in Note 2 abgedruckte Kodexstelle.

[1] L. 45 § 2 D. de ritu nupt. 23, 2. Nachdem im pr. dieser lex gesagt, daß das Eheverbot auch dem Patron zustehe, welcher die Sklavin hac lege emit, ut manumittat, heißt es in § 2: Ne is quidem debet habere (sc. das Recht des Eheverbots), qui non suis nummis comparavit.

[2] Der Patron hat auch in diesem Falle keinen Alimentationsanspruch: l. 5 § 22 D. de agnosc. et alend. lib. etc. 25, 3, kein Recht zur Auflage von operae: l. 29 pr. de bon. lib. 38, 2, l. 13 § 1 D. de oper. lib. 38, 1, l. 95 D. de leg. I, l. 5 C. de oper. lib. 6, 3 und keine Befugnis zum Eheverbot: l. 50 D. de ritu nupt. 23, 2, l. 10 D. de divortiis 24, 2.

[3] L. 3 § 1 D. de suis et legitimis her. 38, 16, l. 29 pr. D. de bon. lib. 38, 2, l. 1 C. de bon. poss. c. t. 6, 13; vgl. auch l. 1 § 3 D. de legit. tutoribus 26, 4.

[4] Impp. Severus et Antoninus AA. Secundae: Multum interest, utrum quis suis nummis emptus et manumissus sit ab emptore, an a domino suo data pecunia mereatur libertatem. priore enim casu ad contra tabulas admitti patronum non placet, posteriore omnia iura patronatus retinet.

[5] Imp. Justinianus: — οὐκ ἔχει δὲ ἐπ' αὐτῷ πατρονικὸν δίκαιον ὁ δεσπότης, ὥσπερ οὐδὲ ἐπὶ ἐκείνῳ τῷ κατὰ τοὺς παλαιοὺς νόμους ἰδίοις ἀργυρίοις ἀγορασθέντι· κατὰ τούτου γὰρ οἱ παλαιοὶ τὰ ἀπὸ τοῦ πραίτωρος πατρονικὰ δίκαια ἠρνοῦντο τῷ ἐλευθερώσαντι.

an dem Sklaven, für welchen der verklagte Besitzer dem Herrn die litis aestimatio gezahlt hat, bemerkt, auch dem redemptor servi suis nummis seien die auf dem Edikte des Prätors beruhenden patronatischen Erbrechte nach alten Gesetzen versagt. Daß ihm auch das zivile Erbrecht nicht zusteht, ist in unseren Quellen nicht ausdrücklich ausgesprochen, darf aber aus der Versagung des prätorischen Erbrechts mit Sicherheit gefolgert werden, da das zivile Erbrecht niemals über das prätorische hinausgeht. Die Verschiedenheit in Ansehung des Erbrechts erklärt sich daraus, daß der Freilasser ex causa fideicommissi den Vermögenswert des Sklaven durch die Freilassung verliert, während der redemptor den Wert des Sklaven nicht aus seinem Vermögen hergibt, weil er bei dem Ankaufe nur als Mittelsperson fungiert und den Preis des Sklaven von anderer Seite her bekommen hat. Das patronatische Erbrecht beruht darauf, daß der Freilasser dem Sklaven das beneficium bonorum quaerendorum auf seine Kosten verleiht, weshalb in diesem Falle die bona an den Patron zurückfallen, wenn keine liberi des Freigelassenen vorhanden sind. Der redemptor verleiht die Freiheit aber nicht auf seine Kosten, weshalb ihm kein Erbrecht zusteht.[1] Daraus, daß der redemptor als Freilasser kein patronatisches Erbrecht hat, ergibt sich, daß er auch kein Recht auf die tutela über den Freigelassenen und seine Kinder hat;[2] denn das Recht auf die tutela hängt mit dem zivilen Erbrechte zusammen.

Der von dem redemptor Freigelassene ist nicht, wie ein anderer Freigelassener, verpflichtet, die Vormundschaft über die Kinder des Patrons auch dann zu übernehmen, wenn ihm ein Exkusationsgrund zur Seite steht; er kann sich also von der Vormundschaft nach den allgemeinen Regeln exkusieren (l. 14 § 3 D. de excusationibus 27, 1).[3] In diesem Punkte steht er dem ex causa fideicommissi Freigelassenen gleich, dem das Exkusationsrecht ebenfalls nicht entzogen ist.[4]

Das abgeschwächte Patronatsrecht des redemptor, welcher den Sklaven freigelassen hat, beschränkt sich sonach auf den honor und die reverentia, wozu der Freigelassene dem Patrone gegenüber verpflichtet ist. Konsequenzen dieser Verpflichtung treten insbesondere hervor in dem Verbote, den Patron ohne spezielle Erlaubnis vor

[1] Vgl. B. W. Leist a. a. O. I S. 355 u. 461.

[2] Vgl. B. W. Leist a. a. O. I S. 461 f. Nr. 72.

[3] Modestinus libro quinto excusationum: Ὁ ἰδίῳ ἀργυρίῳ ὠνηθεὶς καὶ ἀπελευθερωθεὶς οὐδαμῶς συγκρίνεται τοῖς λοιποῖς ἀπελευθέροις. Daß Modestin von dem den anderen Freigelassenen entzogenen Exkusationsrechte handelt, ist aus dem Zusammenhange des § 3 mit den vorangehenden und mit dem folgenden Paragraphen mit Sicherheit zu entnehmen.

[4] L. 24 D. de excusationibus 27, 1; Vat. fragm. § 225.

Gericht zu laden,[1] ferner in der Unzulässigkeit einer entehrenden Beschuldigung, weshalb dem Freigelassenen die Erhebung einer entehrenden Zivilklage sowie die exceptio doli gegen den Patron versagt wird,[2] sodann in der Beschränkung des Freigelassenen in Ansehung der Befugnis Kriminalanklagen gegen den Patron zu erheben,[3] endlich in der strengeren Bestrafung der gegen den Patron begangenen Delikte.[4] Daß dem redemptor nicht das Recht zusteht, gegen den Freigelassenen die strenge, möglicherweise zur Aufhebung der Freilassung führende accusatio ingrati zu erheben, wurde oben (siehe o. S. 13 bei N. 5) erwähnt. Aber wegen Verletzung der Ehrungspflicht durch rücksichtsloses Benehmen kann der Freigelassene auf Antrag des Patrons zu einer im Ermessen des Richters stehenden Strafe verurteilt werden. Das ist in l. 5 C. de operis libertorum 6, 3[5] in Ansehung des ex causa fideicommissi Freigelassenen ausgesprochen. Auf den Freigelassenen, welcher mit seinem Gelde angekauft worden war, ist dieser Ausspruch entsprechend anzuwenden, da beide Arten von Freigelassenen in bezug auf die Ehrungspflicht gleichstehen.

b) Wird nach Analogie des senatusconsultum Rubrianum (vgl. S. 11 f.) der Sklave nach vorgängiger Kognition von dem Stadtpräfekten oder dem Provinzialstatthalter für frei erklärt, weil der redemptor sich der Ladung entzogen oder ihr nicht Folge geleistet hat, so steht dem redemptor kein Patronatsrecht zu. Der Sklave hat in diesem Falle überhaupt keinen Patron. Von dem Sklaven, welcher auf Grund eines Fideikommisses nach dem rubrianischen Senatsbeschlusse für frei erklärt wird, ist in den Quellen gesagt, daß er libertus orcinus werde.[6] Danach gilt also der Erblasser, welcher das Fideikommiß angeordnet

---

[1] Vgl. l. 4 § 1, l. 8 § 1, l. 10 §§ 5, 12 D. de in ius voc. 2, 4 § 3 I. de poen. tem. litig. 4, 16; Gai. IV, 183. Einzelheiten siehe bei B. W. Leist a. a. O. II S. 33 ff.

[2] Vgl. wegen der Unzulässigkeit von Klagen: l. 5 § 1 l. 7 D. de obsequiis parentibus et patronis praestandis 37, 15; wegen der Unzulässigkeit der exceptio doli: l. 4 § 16 D. de doli mali except. 44, 4.

[3] Vgl. l. 8 D. de accusationibus 48, 2; l. 21 C. qui accusare non possunt 9, 1.

[4] Vgl. l. 1 D. de lege Pompeia de parricidiis 48, 9; l. 28 § 8 D. de poenis 48, 19; l. 7 § 8 D. de iniuriis 47, 10.

[5] Imp. Antoninus A. Terentio: Mater tua ab eo, quem ex causa fideicommissi manumisit, operas impositas petere non potest, nisi eius tantummodo temporis, quo eum ante manumisit, quam dies fideicommissae libertatis existeret. sed nisi ei honorem patronis debitum exhibuerit, adeat competentem iudicem pro modo admissi vindicaturum. Man darf nicht etwa an eine accusatio ingrati denken; denn diese findet gegen den ex causa fideicommissi Freigelassenen ebensowenig statt, wie gegen den Freigelassenen, welcher mit seinem Gelde gekauft worden war; siehe l. 1 C. de libertis et eorum liberis 6, 7.

[6] L. 49 D. de fideicomm. libert. 40, 5 „dicendum orcinum fieri".

hatte, als Patron, woraus sich ergibt, daß dessen Kinder und sonstige Verwandten die Rechte der Patronskinder und der Patronsverwandten haben. Die entsprechende Anwendung auf den Fall der latitatio des redemptor ist nicht angängig. Sie würde dazu führen, den Verkäufer als den Patron des Freierklärten zu behandeln. Diesem verdankt aber der Freierklärte seine Freiheit nicht, während er sie bei dem Fideikommiß dem Erblasser verdankt. Sonach ist bei der latitatio des redemptor der Freierklärte ganz ohne Patron.

Gleich der latitatio ist die Verweigerung der Freilassung seitens des erschienenen redemptor zu behandeln.

c) Die entsprechende Anwendung des senatusconsultum Dasumianum (siehe o. S. 10f.) führt dazu, daß bei entschuldigtem Ausbleiben des von dem Stadtpräfekten oder Statthalter als redemptor geladenen Beklagten der Sklave nach vorgängiger Kognition von dem Beamten für frei erklärt wird unter der Feststellung, daß der redemptor aus einem triftigen Grunde (ex iusta causa) nicht erschienen sei. In diesem Falle hat der redemptor das Patronatsrecht in gleichem Umfange, wie wenn er die Freilassung vollzogen hätte.[1]

5.

In l. 8 § 5 D. mandati vel contra 17, 1 behandelt Ulpian in Anschluß an Julian den Fall, daß ein homo liber bona fide serviens, d. i. ein Freier, der sich selbst für einen Sklaven hielt, jemanden beauftragte, ihn mit seinem Gelde anzukaufen und freizulassen. Wenn der Beauftragte dem Auftrage gemäß den vermeintlichen Sklaven angekauft und freigelassen hat, hiernach aber der vermeintliche Sklave im Statusprozeß für freigeboren erklärt worden ist, so entsteht die Frage, ob und worauf der Auftraggeber gegen den Beauftragten einen Anspruch aus dem Auftrage hat. Die beiden Juristen unterscheiden, ob das von dem vermeintlichen Sklaven zu seinem Ankaufe hergegebene Geld aus dem Sondervermögen (peculium im weiteren Sinne) herrührte, welches ihm selbst gehörte, oder aus dem Vermögen, welches seinem vermeintlichen Herrn gehörte. Was ein liber homo bona fide serviens erwirbt, gehört nämlich teils ihm selbst, teils demjenigen, welcher den Sklaven in gutem Glauben besitzt. Dem vermeintlichen

[1] L. 51 § 4 D. de fideicommiss. libert. 40, 5. (Marcellus) Senatusconsulto Dasumiano cautum est, ut, si ex iusta causa absit qui fideicommissam libertatem debet et hoc pronuntiatum fuerit, perinde libertas competat, atque si, ut oportet, ex causa fideicommissi manumissus esset. L. 36 pr. D. eodem: (Maecianus) Dasumiano senatusconsulto subvenitur his, quo cautum est de his, qui iusta ex causa abessent, ut nec libertas impediatur *nec libertus eripiatur his, qui fraude careant.* § 1: Si per procuratorem quis defendatur, semper iusta ex causa abesse dicitur *nec libertus ei eripitur.*

Sklaven selbst gehört, was er nicht mit Mitteln des Besitzers und nicht durch seine Arbeitstätigkeit (operae) erwirbt; also der Erwerb der aus einer Erbeseinsetzung, einem Vermächtnis oder einer Schenkung. Was er mit Mitteln des Besitzers oder durch seine Arbeitstätigkeit erwirbt, gehört dem gutgläubigen Besitzer.[1] Daß der Erwerb aus der Arbeitstätigkeit des vermeintlichen Sklaven dem gutgläubigen Besitzer desselben zufällt, erklärt sich daraus, daß die Sklavenarbeit als Frucht des Sklaven behandelt[2] und daher, wie andere Früchte, vom gutgläubigen Besitzer erworben wird.

Rührt das Geld, welches der vermeintliche Sklave dem redemptor zum Ankauf gegeben hat, aus seinem Vermögen her, so steht ihm aus dem Auftrag ein Anspruch gegen den redemptor auf Abtretung der Ansprüche zu, welche der redemptor gegen den Verkäufer hat. Der redemptor hat gegen den Verkäufer dieselben Ansprüche wie im Falle der Entwährung.[3] Die Rückgabe des dem redemptor gegebenen Geldes kann der vermeintliche Sklave nicht beanspruchen; denn der redemptor hat dieses Geld dem Auftrage gemäß zur Bezahlung des Kaufpreises verwendet. Die Rechtslage ist also anders, als wenn der vermeintliche Sklave seinem vermeintlichen Herrn Geld für die Freilassung gegeben hat; die Herausgabe dieses Geldes kann er beanspruchen, weil der Empfänger ohne Rechtsgrund auf Kosten des Gebers bereichert ist.[4]

Rührt das zum Ankauf hergegebene Geld aus dem Erwerbe her, welcher dem gutgläubigen Besitzer[5] des vermeintlichen Sklaven gehört, so kann der redemptor dem Auftraggeber keine Ansprüche abtreten, denn es stehen ihm keine Ansprüche gegen den Verkäufer zu, weil das zur Zahlung verwendete Geld dem Verkäufer gehörte. Der Gedankengang, der Julian zu der Annahme führte, daß der redemptor keinen Eviktionsanspruch gegen den Verkäufer habe, wird aus dem Schlußsatze der Stelle ersichtlich. Hier wird gesagt, der Käufer bleibe zwar aus dem Kaufvertrage (zur Zahlung des Kaufpreises) verbunden (weil die Zahlung mit dem dem Verkäufer gehörenden Gelde nicht als Erfüllung in Betracht kommt);

---

[1] Vgl. Gai. II §§ 91, 92; § 4 J. per quas personas nobis adquiritur 2, 9; l. 10 §§ 3, 4 D. de adquirendo rer. dom. 41, 1.

[2] Vgl. l. 4 D. de operis serv. 7, 7: Fructus hominis in operis consistit et retro in fructu hominis operae sunt.

[3] Vgl. l. 39 § 3 D. de evictionibus et duplae stip. 21, 2: qui liberum hominem sciens vel ignorans tanquam servum vendat, evictionis nomine tenetur.

[4] Vgl. l. 3 § 5 D. de cond. causa data causa non secuta 12, 4.

[5] In l. 8 § 5 cit. steht: ad bonae fidei *emtorem* pertinente. In der Glosse Emptorem zu dieser Stelle wird das dahin gedeutet, daß der Besitzer den verkauften Sklaven seinerzeit in gutem Glauben gekauft hatte. HALOANDER will anstatt emtorem lesen: possessorem.

aber auch die Klage des Verkäufers gegen den Käufer (auf Zahlung des Preises) bleibe ohne Erfolg, weil der Verkäufer (wegen der einer Eviktion gleichstehenden pronuntiatio libertatis) dem Käufer soviel schulde, als er durch Zahlung des Preises erlangen würde. Es kann also im Prozesse über die actio venditi die dem Käufer zustehende Forderung auf Schadloshaltung gegen die Forderung des Verkäufers auf Zahlung des Preises aufgerechnet werden, weshalb die actio venditi abgewiesen wird. Wendet man das auf den Fall an, daß der Käufer mit der actio empti auf Schadloshaltung wegen der pronuntiatio libertatis klagt, so ergibt sich, daß der Jurist das Bestehen der actio empti deswegen bestreitet, weil in dem Prozeß über diese Klage die dem Verkäufer zustehende Forderung auf Zahlung des Preises gegen die Forderung des Käufers auf Schadensersatz wegen der pronuntiatio libertatis aufgerechnet und dadurch die Abweisung der actio empti herbeigeführt werden kann. In beiden Fällen wird unterstellt, daß der Schaden, welchen der Käufer durch die pronuntiatio libertatis erleidet, nicht mehr beträgt als der Kaufpreis, was ja zumeist zutreffen wird.

Aus der behandelten Digestenstelle geht hervor, daß man zur Zeit Julians, dessen Ausführungen Ulpian reproduziert, die Zahlung des Kaufpreises, welche aus dem dem Herrn gehörenden Erwerbe des homo liber bona fide serviens, und folglich auch die Zahlung, welche aus dem peculium des Sklaven geleistet wurde, nicht als eine aus den Mitteln des Sklaven bewirkte Leistung betrachtete. Die Auffassung einer solchen Zahlung als einer aus den Mitteln des Sklaven bewirkten Leistung hat sich also erst in späterer Zeit ausgebildet. Daß Ulpian sich der Erörterung Julians anschließt, obwohl zu seiner Zeit die andere Auffassung der Zahlung aus dem peculium bestand, ist wohl daraus zu erklären, daß in den von Julian erörterten Fällen eine Anwendung der Verordnung der divi fratres nicht in Frage kommt.

6.

Ein Loskauf des Sklaven mit dem Gelde, das der Sklave erworben hat, kommt auch im griechischen Rechte vor. Da der Sklave wegen Mangels der juristischen Persönlichkeit einen Kaufvertrag mit seinem Herrn ebensowenig selbst abschließen konnte wie nach römischem Rechte, bedurfte es auch nach griechischem Recht einer Mittelsperson, die den Sklaven mit dessen Geld seinem Herrn zum Zwecke der Freilassung abkauft. Davon, daß die Mittelsperson gezwungen werden konnte, den mit dem Geld des Sklaven gekauften Sklaven freizulassen, findet sich im griechischen Rechte keine Spur. Man wählte eine Mittelsperson, von der man sicher sein konnte, daß sie das Vertrauen des Sklaven nicht täuschen und auch ohne Rechtszwang die Freilassung vollziehen werde. Als solche Mittelspersonen fungierten die Priester eines Gottes. Der Sklave bringt sein von ihm erspartes Geld in den Tempel eines Gottes und ersucht dessen Priesterschaft, ihn seinem Herrn mit diesem Geld abzukaufen und ihm die Freiheit zu gewähren. Über den Kauf wurde eine Urkunde errichtet. Solche Urkunden sind in delphischen Mauerinschriften überliefert.[1]

[1] Vgl. Charikles, Bilder altgriechischer Sitte von W. A. Becker, neu bearbeitet von H. Göll Bd. III S. 44 f., P. Stengel, Die griechischen Kultusaltertümer, 2. Aufl., im Handbuch der klassischen Altertumswissenschaft von J. Müller Bd. V Abs. 3 S. 33, R. F. Herrmann, Lehrbuch der griechischen Antiquitäten Bd. II Abt. 1, Rechtsaltertümer, 4. Aufl. bearbeitet von Th. Thalheim S. 26. In diesen Werken ist zahlreiche weitere Literatur angeführt.

C. G. Röder G. m. b. H., Leipzig.

Kolibri 360 GmbH
Ferdinand-Jühlke-Straße 7
99095 Erfurt, Deutschland
produktsicherheit@kolibri360.de